Bibliografische Information der Deutschen Nationalbibliothek:

Die Deutsche Bibliothek verzeichnet diese Publikation in der Deutschen National-bibliografie; detaillierte bibliografische Daten sind im Internet über http://dnb.d-nb.de/ abrufbar.

Impressum:

Copyright © 2018 GRIN Verlag
Druck und Bindung: Books on Demand GmbH, Norderstedt Germany
ISBN: 9783668881228

Lee Kirsten

Web-Browser basierter DDoS-Angriff mit HTML5 und JavaScript

GRIN Verlag

GRIN - Your knowledge has value

Der GRIN Verlag publiziert seit 1998 wissenschaftliche Arbeiten von Studenten, Hochschullehrern und anderen Akademikern als eBook und gedrucktes Buch. Die Verlagswebsite www.grin.com ist die ideale Plattform zur Veröffentlichung von Hausarbeiten, Abschlussarbeiten, wissenschaftlichen Aufsätzen, Dissertationen und Fachbüchern.

Besuchen Sie uns im Internet:

http://www.grin.com/

http://www.facebook.com/grincom

http://www.twitter.com/grin_com

Hausarbeit SS 2018 – Modul 3

Web-Browser basierter DDoS Angriff mit HTML5 und JavaScript

Lee Kirsten

Digitale Forensik – SS 2018

Inhaltsverzeichnis

1 Einleitung

Die vorliegende Hausarbeit ist ein Thema aus einem ganzen Komplex an Themen, die den Studenten der digitalen Forensik des Jahrgangs 2018 der Hochschule Albstadt-Sigmaringen im Studienmodul M103 zur Auswahl gestellt wurden. Gegenstand dieses Moduls sind die Grundlagen des Internets. Der Titel meiner Hausarbeit lautet „Web-Browser basierter DDoS- Angriff mit HTML5 und JavaScript". Die Aufgabenstellung sieht vor, dass der Sachverhalt zum einen theoretisch erarbeitet wird und zum anderen an einem Praxisbeispiel demonstriert wird.

Abschnitt II. widmet sich der theoretischen Annäherung an das Thema. In diesem Teil wird unter anderem erklärt woher die Bezeichnung DDoS stammt und wie ein Angriff abläuft. Des Weiteren werden die verschiedenen Angriffsarten beschrieben und exemplarisch prominente DDoS-Angriffe der letzten Jahre dargestellt und, soweit als möglich, nachvollzogen. In diesen Kontexten wird im speziellen auf die Aspekte einer Web-Browser basierten Angriffsform eingegangen.

Abschnitt III. und IV. bedienen sich der erarbeiteten Theorie und bereiten das Praxisbeispiel unter anderem vor, indem zunächst die Infrastruktur und die beteiligten Elemente dargestellt werden. Dazu zählen vor allem der anzugreifende Webserver und die Webseite, mittels der der Angriff simuliert werden soll. Anschließend wird die Implementierung nachvollzogen.

Abschnitt V. soll protokollarisch den Verlauf des durchgeführten Praxisversuches dokumentieren. Darunter fällt auch die Untersuchung von möglichen Spuren, die beim Versuch hinterlassen wurden.

Schlussendlich sind in Abschnitt VI. die Verzeichnisse über die nötigen Nachweise zu finden.

2 Theorie

2.1 Beschreibung und Funktionsweise einer DDoS-Attacke

Zunächst soll an dieser Stelle eine kurze Einführung in Distributed-Denial-of-Service(DDoS)-Attacken gegeben werden, bevor wir uns der Web-Browser basierten Variante widmen. Ist die Thematik DDoS einmal erklärt, lässt sich daraus sehr schnell ableiten was unter dem Titel der Hausarbeit konkret zu verstehen ist.

Bei einem DDoS-Angriff handelt es sich üblicherweise um einen netzwerkbasierten DoS-Angriff mit der Absicht einen Client, einen Service oder ein ganzes System außer Betrieb zu nehmen.

Denial-of-Service-Angriffe, die über ein Netzwerk gegen ein System gerichtet sind, beabsichtigen eine Leistungseinschränkung oder komplette Außerdienststellung (denial, keine weiteren Anfragen durch Dritte möglich) des anvisierten Opfers. Dies wird realisiert, indem die entsprechenden Ressourcen, die das Zielsystem zur Verfügung stellt, aufgebraucht werden. Unter Ressourcen sind in diesem Fall Prozesse, Speicher-kapazitäten und Ähnliches zu verstehen. Der Angriff erfolgt indirekt, ein System wird genutzt, um ein weiteres, das Zielsystem, anzugreifen [9].

DDoS macht sich im Besonderen eine weit ausgedehnte (verteilte, daher distributed) Struktur aus Clients, Master und Daemon (so genannte Zombies) zu Nutze.

Auslöser des Feldzuges gegen das Zielsystem ist eine Aktion am Client, welcher die Master ansteuert. In diesem Zusammenhang sind unter Master kompromittierte Hosts zu verstehen, die mit einer bösartigen Software zur Steuerung mehrerer Daemons ausgestattet sind. Daemons wiederum sind ebenfalls infizierte Hosts, die eine Software ausführen, die beispielsweise eine Überflutung des Zielsystems mit Paketen zur Folge hat. Der Erfolg eines Angriffes hängt demnach hauptsächlich von der Menge der infizierten Hosts (auch „Agentensysteme"), sowie deren koordinierter und gleichzeitiger Zusammenarbeit ab, um eine möglichst hohe Payload zur Überlastung bezüglich Bandweite, Rechenkraft und ähnlichen Ressourcen des Ziels zu generieren [4].

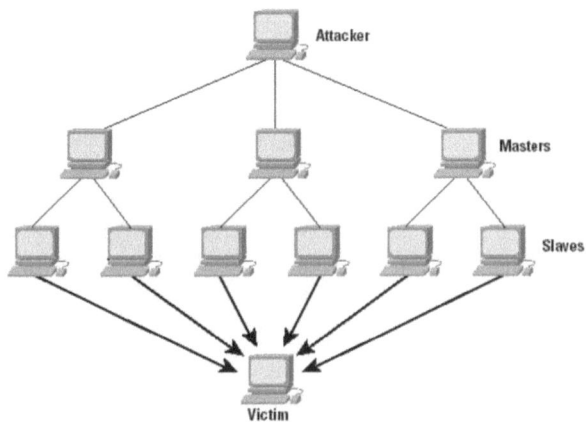

Abbildung 1: Prinzipskizze Distributed Denial of Service[4]

Web-Browser basierte DDoS-Angriffe sind hingegen viel perfider, sie kommen ohne einen Verbund an infizierten Maschinen aus. Stattdessen reicht es völlig aus eine Webseite mit eingebetteten Schadcode zu besuchen, die Maschine des Clients muss dabei nicht aktiv kompromittiert werden. Das Clientsystem stellt allein seine Rechenkraft und seine Netzwerkverbindung ,zur Verfügung', um den Schadcode der Seite für die Dauer des Besuches immer und immer wieder auszuführen und das Zielsystem damit gegebenenfalls zu überfordern[1].

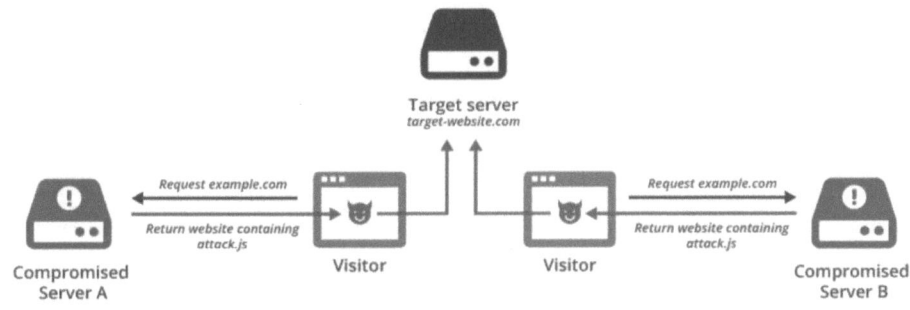

Abbildung 2: Prinzipskizze Web-Browser basierter DDoS- Angriff[1]

2.2 Die kurze Geschichte eines typischen DDoS-Angriffs

2.2.1 Scanning

Die Vorbereitung eines klassischen DDoS-Angriffs erfordert, wie im vorherigen Abschnitt beschrieben, einen großen Verbund an rekrutierten Hosts, um das Zielsystem bezüglich seiner Ressourcen zu erschöpfen. Bevor die eigentliche Attacke also erfolgen kann, muss bereits mit krimineller Absicht eine Reihe von anderen Systemen befallen werden. Zu diesem Zweck wird das Netz als erstes nach angreifbaren Hosts untersucht, dieses ‚Scanning' erfolgt automatisiert mittels weit verbreiterter und leicht erhältlicher Tools. Ist ein Rechnersystem mit dem nötigen Schadcode infiziert, kann dieses, ebenfalls automatisiert, weiter nach anfälligen Opfern suchen, diese infizieren und der Kreislauf beginnt von vorn [4].

Der Ablauf bei einem Web-Browser basierten DDoS-Angriff weist Ähnlichkeiten auf, was die bisher beschriebenen Phasen angeht. Das Scanning besteht darin eine geeignete Schwachstelle in der Webseite zu finden, in die der JavaScript-Code eingeschleust werden soll. Davor muss die Art und Weise, wie JavaScript seinen Weg auf die Seite findet, genauestens analysiert werden. Ist eine entsprechende Schwachstelle gefunden, lässt sich diese meist auch auf andere Zielseiten anwenden [1].

2.2.2 Setting up

Zurück zum klassischen DDoS: Das Scanning ist abgeschlossen, die potentiellen Zombies sind entdeckt, es folgt die letzte Phase vor dem Angriff: Der Aufbau. Ist ein System mit dem nötigen Schadcode infiziert, kann dieses, ebenfalls automatisiert, weiter nach anfälligen Opfern suchen und diese infizieren. Die Weiterverbreitung des Schadcodes kann auf unterschiedliche Arten erfolgen und macht sich verschiedene Aspekte zu Nutze. Dies wird im Rahmen der vorliegenden Arbeit an dieser Stelle nicht weiter vertieft. Ein Netz an kontrollierten Systemen kann heutzutage vergleichsweise schnell aufgebaut werden, wenn die nötigen Tools entsprechend konfiguriert sind und ausreichend Angriffsflächen in dem zu scannenden Bereich eines Netzwerkes vorhanden sind. Die Attacken mittels des Mirai-Botnetzes, welches sich schlecht gesicherte Teilnehmer des Internet of Things einverleibte, haben das in der jüngsten Vergangenheit hervorragend demonstriert.

Bei Web-Browser basierten DDoS-Angriffen ist das Mittel der Wahl die Webseite von der aus das JavaScript ausgeführt wird. Denkbar ist natürlich der Aufbau einer eigenen Webseite, die den Code bereits benutzt. Da aber der Angriff von der Anzahl der Webseitenbesucher abhängt, bietet es sich an Seiten zu identifizieren, die bereits einen hohen Traffic besitzen und Überlegungen anzustellen, wie der manipulierte Code eingeschleust werden kann. Ist der Code einmal eingebettet und wird er nicht entdeckt, können weitere Seiten mit hohem Besuchsaufkommen verändert werden, um die Verbreitung des Skriptes noch zu steigern [1].

2.2.3 Attack

Für die traditionelle DDoS-Attacke ist nun ein Netz aus infizierten Slaves etabliert und der eigentliche Angriff kann erfolgen. Zur Erinnerung: Ein Verbund aus infizierten Systemen besteht aus Master- und Slave-Maschinen. Das Kommando für die Attacke kann jedoch von einem einzigen Rechner erfolgen und eine ganze Lawine an Ereignissen auslösen.

Der Angreifer triggert koordiniert die Master seines kreierten Bot-Netzes an und löst bei ihnen die Direktive für den Angriff aus. Die Master steuern die ihnen unterstehenden Strohmänner an und lösen damit den Befehl zur Datenüberflutung des Zielsystems aus. Ein Verschleiern (Spoofing) der IP-Adressen der Zombies ist dabei eine oft genutzte Technik, um dem unter Angriff stehenden System die Möglichkeit zu nehmen, den Ursprung des Angriffs herauszufinden oder den unerwünschten Traffic effizient herauszufiltern [4].

Web-Browser basierte DDoS-Attacken laufen in ihrer Schlussphase ähnlich ab. Der Angreifer schaltet den Code scharf, er wird ausführbar und mit den ersten Besuchern der Webseite beginnt der Angriff auch schon. Die Anzahl der Inhaltsaufrufe beim Zielsystem steigen messbar an. Eine Filterung ist zwar möglich, hat aber zur Folge, dass die aufrufende Seite Inhalt und Performance einbüßt. Die aufgerufene Seite, also das eigentliche Ziel des Angriffs, muss gestellte, auch legitime, Anfragen abweisen und steht auch für den eigenen Verkehr nicht mehr zur Verfügung.

2.3 Variationen und bekannte Angriffsarten

Klassische DDoS-Attacken lassen sich anhand ihrer Angriffsart in unterschiedliche Varianten einteilen. Zusammenfassend geht es dabei um das Mittel zum Zweck und die dazugehörigen identifizierten Schwachstellen bzw. Besonderheiten der Implementierung. An dieser Stelle wird eine grobe Unterteilung in Angriffen vorgenommen, die keine Verbindung benötigen und diejenigen, die eine Verbindung mit dem Zielsystem aufbauen, weil sie beispielsweise das jeweilige Protokoll ausnutzen. Bezogen auf die Aufgabenstellung wird außerdem beleuchtet wie Angriffe speziell unter Ausnutzung von HTML 5 und JavaScript erfolgen können und wie diese einzuordnen sind.

2.3.1 Angriffe ohne Verbindungsaufbau

Darunter sind an dieser Stelle die Angriffe gemeint, die das Zielsystem beeinträchtigen, indem sie z.B. eine Masse an Daten schicken ohne direkt eine Verbindung aufzubauen.

Webserver sind hierbei ein beliebtes Angriffsziel. Ein Webserver kann auf unterschiedliche Arten dazu gebracht werden Ressourcen zu verschwenden. Bekannt ist unter anderem die Variante einer Flut von Anfragen an den Server (hier speziell Apache2), die jeweils möglichst viele HTTP-Header integriert haben. Weiterhin können in massenhaft angefragten URLs möglichst viele Frontslashes (/) untergebracht werden und damit verhindert werden, dass der Server weitere legitime Anfragen verarbeiten kann. Außerdem sind noch so genannte CrashIIS- Attacken bekannt, die sich vor allem gegen den

Microsoft Server richten und mittels falsch kreierter GET-Anfragen Probleme verursachen.

Ein weiterer verbindungsloser Angriff, für den DDoS missbraucht werden kann und dessen Ziel nicht unbedingt ein Webserver sein muss, ist eine smurf-Attacke. Dazu werden an die Broadcast-Adressen von Subnetzen ICMP-Pakete gesendet, die aber mittels Manipulation als Absender die IP-Adresse des Opfers beinhalten. Jede, zum jeweiligen Subnetz gehörende, Maschine schickt seine Antwort an das Zielsystem und überlastet es damit.

Nicht zu verwechseln ist dies mit dem ‚Ping of Death‘, der darauf basiert, dass in einem gesendeten Paket mehr als die erlaubten 65536 Byte des IP-Protokolls gesendet werden und damit eventuell einen Absturz provoziert wird.

Eine weitere Abart von manipulierter Datenübermittlung ist die ‚Teardrop‘ benannte Attacke. In diesem Fall schickt der Angreifer ein Datenpaket in Richtung des Angegriffenen, das auf dem Weg dorthin fragmentiert und in kleinere Teile aufgeteilt wird. Im Zuge dessen wird ein Strom von IP-Fragmenten erzeugt, dessen Offset-Feld überladen ist. Dem Opfer bleibt die undankbare Aufgabe diese missgestalteten Datenbruchstücke wieder richtig zusammenzusetzen. Dieser Vorgang erschöpft die vorhandenen Mittel der Maschine und führt zum Crash oder Reboot [4].

Es gibt noch viele weitere Abwandlungen bezüglich der verbindungslosen Angriffe und weitere werden sicherlich noch entdeckt werden. Dies soll jedoch als Einblick genügen und eine Vorstellung davon liefern, was unter dieser Art von Invasion zu verstehen ist.

2.3.2 Angriffe mit Verbindungsaufbau

Unter den verbindungsorientierten Typen von Angriffen sind beispielsweise SYN-Floods zu verstehen, die den Drei-Wege Handschlag von TCP dafür ausnutzen um Verbindungsressourcen zu binden. Anstatt den Austausch mit dem Opfer im dritten Schritt des Handshakes mit einem Acknowlegde ordnungsgemäß abzuschließen, bleibt die Rückfrage des Opfers im zweiten Schritt unbeantwortet. Das Zielsystem wartet weiterhin auf eine Antwort, eine halboffene TCP-Verbindung ist entstanden, die eine neue Anfrage auf dem gleichen Weg verhindert.

Einige Netzwerkarchitekturen legen für jede neue TCP/IP-Verbindung einen neuen Prozess an und auch hier ist es das Mittel der Wahl so viele halboffene Verbindungen wie möglich zu erzwingen, um weitere Anfragen von Außen zu blockieren. In die selbe Kategorie fällt der SSH Process Table Angriff, der bei der angegriffenen Maschine mit jedem Login auf einer neuen Secure Shell einen neuen Prozess belegt.

Auch UDP eignet sich als Mittel zum Zweck eines DDoS-Ansturms. Das nachfolgende Szenario wird auch als ‚UDP-Storm‘ bezeichnet und dieser funktioniert wie im Folgenden beschrieben. Der UDP-Verbindung eigen ist, dass zum einen jedes Mal Zeichen (Character) generiert (‚chargen-service‘) werden, wenn ein UDP-Paket erhalten wird. Zum anderen sorgt ein ‚echo-service‘ dafür, dass jegliche erhaltene Zeichen reflektiert werden. Nutzt man beide Mechanismen aus, so ist es mittels gespoofter Pakete, die die

Opferadresse enthalten und auch an unbeteiligte Systeme geschickt werden können, möglich einen endlosen Strom an nutzloser Kommunikation zwischen Zombies und dem Zielsystem zu generieren [4]. Diese Vorgehensweise eignet sich außerdem sehr gut, um das betroffene Netzwerk mit Traffic zu fluten.

2.3.3 Angriffe unter Ausnutzung von HTML 5 und JavaScript

Bei dieser Art von Attacke wird der Besucher einer Webseite, wie oben beschrieben, unbewusst, Teil der kriminellen Handlungen. Dies liegt vor allem daran, dass durch den Besuch einer Webseite, in die ein entsprechendes JavaScript eingebettet wurde, Anfragen an einen Server generiert werden, die diesen überlasten.

Mit der Weiterentwicklung des Webs ist ab einem gewissen Zeitpunkt erkannt worden wie sich asynchron und interaktiv mit JavaScript arbeiten lässt. Damit ist gemeint, dass es nicht mehr nötig ist jedem Link auf eine neue Seite zu folgen und diese separat zu laden. Stattdessen werden Inhalte von einer Drittseite bezogen und in der aktuellen Seite dargestellt. Inhalte können dabei Bilder, Videos etc. sein. Wird ein entsprechendes Skript eingebettet, dann steigt die Anzahl an Anfragen nach diesem Inhalt an; denkbar sind mehrere hundert Abrufe pro Sekunde durch einen einzigen Webseitenbesucher. Dadurch folgt eine hohe Auslastung am Zielserver, die sich mit jedem User auf der aufrufenden Seite steigert [1].

Eine interessante Herangehensweise ist das Manipulieren von Bibliotheken, die von mehreren Seiten benutzt werden. Schafft es ein Angreifer eine Bibliothek, die sich mehrere Webseiten aus Performance-Gründen von einem Drittbieter herunterladen, zu manipulieren, dann sind mit einem Schlag alle Seiten infiziert, die die Bibliothek beziehen.

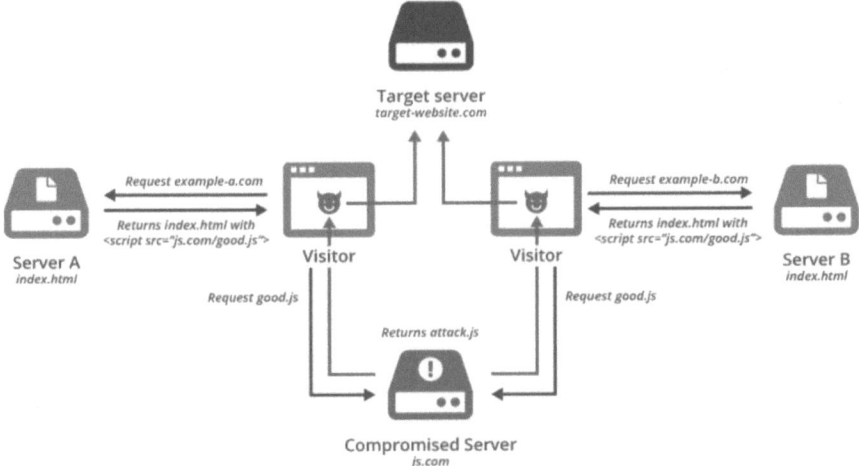

Abbildung 3: Prinzipskizze web-Browser basierter DDoS mit infizierter Library[1]

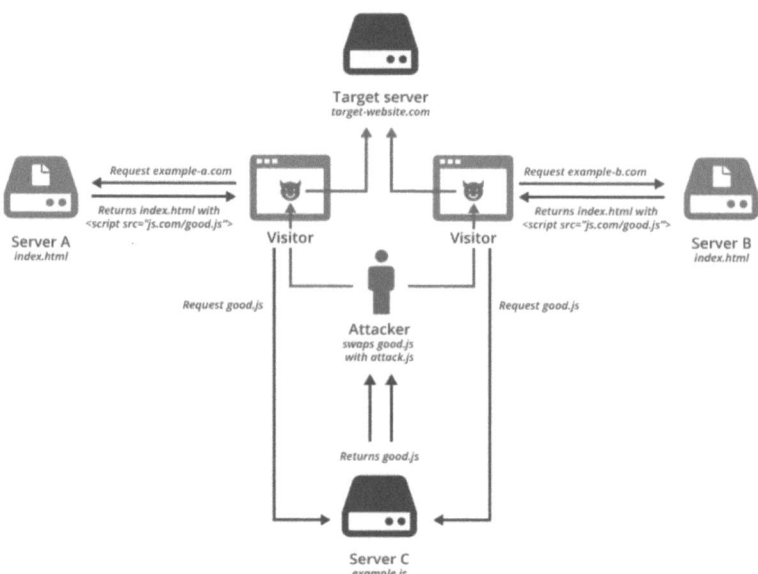

Abbildung 4: Prinzipskizze web-Browser basierter DDoS Man-in-the-middle[1]

Eine weitere Möglichkeit den Schadcode einzubringen ist ein Man-in-the-middle Vorgehen. Webseiten werden über mehrere Zwischenstationen geleitet, bevor sie den Aufrufenden erreichen. Wird die Webseite unterwegs manipuliert, landet die veränderte Seite schließlich beim Client und das eingeschleuste Skript wird ausgeführt. Dies ist auch das Mittel der Wahl, um in Hotelnetzwerken und ähnlichen Strukturen Werbung in Aufrufe einzuspeisen.

2.4 Fallstudien zu bekannten Attacken

Aufbauend auf dem vorherigen Abschnitt ist nun auch eine differenziertere Betrachtung prominenter klassischer und Web-Browser basierter DDoS-Angriffe der Vergangenheit möglich.

2.4.1 Anonymous gegen Scientology

Im Januar 2008 startete die Aktivistengruppe Anonymous einen DDoS-Angriff gegen die Webseite der Church of Scientology. Anonymous war zu diesem Zeitpunkt noch relativ unbekannt und hat Scientology vor allem wegen seiner Haltung zur Redefreiheit und der finanziellen Ausbeutung seiner Mitglieder kritisiert. Auslöser für die Attacke war das nicht veröffentlichte Video eines an dieser Stelle nicht näher benannten Prominenten (im Video lief die Musik zum neusten Mission Impossible-Teil), das eine rufschädigende Wirkung für Scientology gehabt hätte.

Anhand der bekannten Fakten lassen sich nur Mutmaßungen anstellen welche Art von

DDoS benutzt wurde. Öffentlich bekannt ist, dass 488 Attacken am 19. Januar 2008 mit einer maximalen Rate von 20000 Paketen pro Sekunde (15000 Pakete im restlichen Durchschnitt) registriert wurden. Die maximale Bandbreite lag bei 200 Mb pro Sekunde (bei einem Durchschnitt von 168 Mb pro Sekunde) [3]. Das war zum damaligen Zeitpunkt eine ordentliche Menge an Daten, stellte aber nicht das Maximum der bisher beobachteten Attacken dar. Zusätzlich mit der Information, dass nur ein Internet Service Provider die Datenströme registrierte, ergibt sich Raum für die Abschätzung des DDoS-Typs.

Aus den Gerichtsunterlagen (auch bei Wikileaks zur Anklage von Dimitriy Guzner veröffentlicht) geht hervor, dass die Webseite im Verlauf der DDoS-Kampagne unerreichbar wurde. Die Anklageschrift berichtet nicht davon, dass Systeme ausgefallen sind oder abstürzten [5]. Dies deutet daraufhin, das legitime Anfragen durch den Webserver lediglich nicht mehr entgegengenommen werden konnten. Ein zweiter wichtiger Aspekt ist, dass das Ziel ein Webserver gewesen ist. Zusammen mit der Aussage, dass die Menge der Daten nicht dem Maximum der damaligen Zeit entsprach, kann man zu dem Schluss kommen, dass es nicht zu einer Überlastung durch zu viele Daten gekommen sein kann. Der Angriff hat also die Verbindungsressourcen blockiert. Hierfür kommen aus den oben dargestellten Varianten beispielsweise die manipulierten HTTP-Header oder die veränderten URLs in Frage. Bemerkenswert ist weiterhin, dass die Ausdehnung des angreifenden Netzwerkes nicht sehr groß gewesen sein kann, wenn nur ein Internet Provider Anomalien bemerkte.

Scientology hat sich am Ende aus der misslichen Lage gerettet, indem die Seite von einem DDoS-Mitigation-(Minderungs-)-Service Gebrauch machte. Aus der Recherche zur Hosting Historie der letzten eineinhalb Jahre geht hervor, dass die Seite von scientology.org in den letzten Jahren oft den Host gewechselt hat. Zuletzt von Akamai zu Google, Akamai konnte die DDoS-Attacken im Jahr 2016 z.B. gegen die Seite von Brian Krebs nicht erfolgreich abwehren. Für diesen Angriff wurde eine Bot-Netz aus IoT-Geräten mithilfe des Mirai-Malware erzeugt.

2.4.2 Web-Browser basierte DDoS-Attacke gegen GreatFire.org

Im März 2015 wurden in China gehostete Seiten von GreatFire.org unter DDoS-Beschuss genommen. Die Angriffe richteten sich gegen GitHub-Seiten und Dienste, die zum Umgehen der chinesischen Zensur gedacht waren und dem Angriff gleichzeitig eine politische Richtung gaben.

Als Ursache für den Angriff wurde ein bösartiges JavaScript identifiziert, dass es irgendwie auf die Server des Technologieanbieters Baidu geschafft hat und durch die dortigen Besucher unbewusst ausgeführt wurde. Infiziert wurden vor allem Werbeanzeigen. Genauere Untersuchungen haben ergeben, dass die Beteuerungen von Baidu, unschuldig an der Attacke zu sein, korrekt sind.

Stattdessen wurde eine Man-In-The-Middle-Tool der chinesischen Regierung entdeckt, das den Code in die unkryptierten Verbindungen zwischen einem Client und den Servern eingeschleust hat. Diesem separat agierendem Tool wurde, in Anlehnung die ‚Great Firewall‘, der Name ‚Great Cannon‘ (of China) gegeben. Die Zielseiten von GreatFire.org mussten zeitweise ein tagelang aufrechterhaltenes Aufkommen von bis zu 2,4 Milliarden Anfragen pro Sekunde verkraften [2].

Aufgrund der exzellenten Analysen ist es nicht weiter nötig abzuschätzen wie die Attacke durchgeführt wurde. Die Attacke hätte durch kryptierte Verbindungen, z.B. mittels HTTPS durchaus geschwächt oder gar ganz verhindert werden können.

2.4.3 Web-Browser basierte DDoS-Attacke gegen Cloudflare.com

Im September 2015 wird die US-Firma CloudFlare, die sich passenderweise auf die Minimierung und Behandlung von DDoS-Angriffen spezialisiert hat, darüber informiert, dass einer ihrer Kunden attackiert wird.

Bei der genaueren Untersuchung durch die Firma, hebt sich diese Attacke von den alltäglichen Szenarien, mit denen das Unternehmen konfrontiert wird, ab. Die Flut an Anfragen bestand aus legitimen HTTP-POST's, die im Zusammenhang mit korrekten ‚Referer'-Verweisen standen. Bis zu 275000 Anfragen pro Sekunde wurden registriert, die auf diese Art und Weise vorher noch nie generiert wurden.

Die ‚Referer'-Seite, von der die Attacke gestartet wurde, stellte sich den Analysten als eine sogenannte Ad-Farm dar, eine Seite, die völlig mit Werbebannern überfüllt war. In diese Seite war das Skript eingebettet, dass mittels Schleifenkonstrukt die Masse der POST's auslöste. Bei weiterer Spurensuche durch CloudFlare stellte sich außerdem heraus, dass die Anfragen zu fast 100% aus China und nahezu zu 72% von mobilen Geräten geschickt wurden. Spekuliert wurde anschließend, dass den alltäglichen Usern ein iframe mit der entsprechenden Werbung untergeschoben wurde [7].

Dieser Fall soll die beispielhaften Betrachtungen von real durchgeführten DDoS-Attacken beenden.

2.5   Grenzen und Möglichkeiten

Aus den vorherigen Abschnitten geht bereits hervor, dass DDoS-Attacken eine unglaubliche Gewalt und Schlagkraft entwickeln, wenn sie richtig ausgeführt werden. Vor der Entwicklung von einigen passenden Abwehrmaßnahmen für diese Art von Feldzug und auch gegenwärtig noch, ist eine Konfrontation mit einem gut koordinierten DDoS-Anschlag verheerend für das Opfer. Oftmals bleibt nur das Abschalten oder Trennen vom Netz für das Zielsystem. Das hat beispielsweise für Firmen, die auf eine funktionierende Infrastruktur für das tägliche Geschäft angewiesen sind, katastrophale finanzielle Auswirkungen.

Defensivmaßnahmen sind auch heutzutage nur schwer umzusetzen, ständig werden neue Lücken gefunden, die für DDoS- Angriffe ausgenutzt werden können. Selbst implementierte Verteidigungsmaßnahmen werden ad absurdum geführt und ihrerseits für den Angriff benutzt. Es ist die alte Problematik, dass ein Angreifer dem Verteidiger immer voraus sein wird, sobald er eine neue Strategie entwickelt hat und diese ausführt. Es bietet sich an Abwehrmaßnahmen in Präventiv- und Reaktivmaßnahmen einzuteilen [4].

Die klassische Präventivvorsorge zielt darauf ab, bereits die Entstehung von angreifenden Systemen bzw. manipulierte Webseiten zu entdecken oder zu unterbinden und potentielle Zielsysteme gegen Angriffe vorzubereiten und zu härten. Dazu gehört beispielsweise das obligatorische Update von Systemen, um das Ausnutzen neuer gefundener Schwachstellen in Protokollen und verwendeter Software zu minimieren. Des Weiteren geht es darum, dass ungewollter oder auffälliger Verkehr beobachtet und gegebenenfalls unterbunden wird, um zu verhindern, dass z.B. der eigene PC ungewollt als Zombie fungiert. Das nötige Scannen und Monitoring von Maschinen und Netzwerken mittels eines ausgewogenen Sensorennetz nach unüblichen Vorgängen ist eine der Hauptmaßnahmen, neben dem Aufbau von Firewalls, die für ein frühzeitiges Erkennen sorgen sollen [4].

Um eine klassische DDoS-Attacke in ihrer Stärke zu beeinträchtigen, müssen die Reihen der möglichen Zombies gelichtet werden und das funktioniert nur über gehärtete Strukturen. Einige der oben beschriebenen Angriffe funktionieren mittels gespoofter IP-Adressen. Filter, die Pakete mit der Quellen-IP des Subnetzes aus dem Netzwerk herausschicken, aber keinen Traffic mit der Quellen-IP hereinlassen, erschweren diese Variante. Schlussendlich kann ein System auch gegen DDoS trainiert werden, indem der Ernstfall mit infizierten Maschinen getestet wird und ein Notfallpan erarbeitet wird, der Handlungsweisen festlegt um koordiniert zu reagieren. Die Idee, ein System bezüglich der Ressourcen soweit auszubauen, dass DDoS keinen Schaden mehr anrichtet, ist illusorisch.

Das Äquivalent bei einem Web-Browser basierten DDoS-Angriff ist die Ausarbeitung von Kontrollmechanismen, die den Inhalt der Webseite überwachen und Veränderungen am Seiten-Quellcode registrieren. Die Prüfung der Integrität von Quellbezügen läuft darauf hinaus, dass eine Webseite nur ein JavaScript ausführt, wenn dieses tut, was die Webseite auch erwarten würde. Dies kann mit der Generation von Hashwerten für jedes Skript ermöglicht werden. Weicht der Hashwert ab, dann wurde das Skript manipuliert und wird nicht ausgeführt. Des Weiteren ist es denkbar den oben aufgeführten Man-in-the-middle Ansatz mittels Verschlüsselung des Datenverkehrs entgegen zu wirken und damit eine Manipulation der übertragenen Daten zu verhindern.

Als nächstes folgt die Betrachtung für den Fall, dass die Prävention fehlgeschlagen ist. Was kann in so einem Fall heutzutage getan werden?

Reaktive Handlung ist das passende Stichwort. Davon ausgehend, dass durch Signaturen, die vergangenen Angriffen ähneln, oder der Entdeckung von Anomalien, indem beispielsweise ein Vergleich mit ‚normalen' Traffic stattfindet (‚false-Positives' nicht eingerechnet), ein stattfindender Angriff erkannt wurde, geht es vor allem darum eine Schadensbegrenzung durchzuführen und den Datenverkehr zu limitieren oder auch umzulenken. Dies hat allerdings zur Folge, dass auch legitimer Datenverkehr beeinträchtigt wird. Konkrete defensive Techniken der jüngeren Vergangenheit können immer nur einen Aspekt von DDoS abwehren, jedoch nie das ganze Spektrum an Möglichkeiten.

Für klassische DDoS-Angriffsarten wurden unter anderem Honeypots entworfen. Honeypots (zu deutsch Honigtöpfe) stellen Attrappen dar, die realen Systemen nachempfunden sind und ihrer höchsten Ausbaustufe wie diese agieren [4]. Jedoch sind Honeypots keine aktiven produktiven Komponenten des Netzwerkes sind. Die Bandbreite an Emulationen reicht dabei von Honeypots, die nur einige Services imitieren und deshalb leicht durchschaubar sind, bis hin zu komplexen Konfigurationen, die ein komplettes Netzwerk (Honeynet) mit echten Maschinen nachbilden und durch den Angreifer nur noch schwer als Mock-Up erkennbar sind. Solch ein Netzwerk lässt alle möglichen Interaktionen zu und ermöglicht eine detaillierte tiefgehende Analyse über das Vorgehen eines Angreifers.

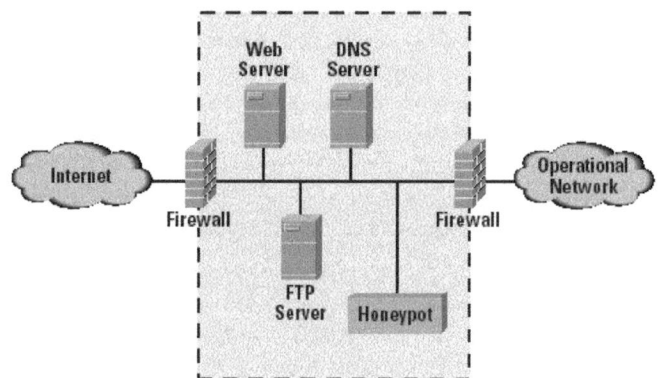

Abbildung 5: Prinzipskizze Honeypot[4]

Für Web-Browser basierte Angriffe sind vergleichbare Strukturen schwieriger umzusetzen. Vergleichbar wäre damit eine Webseite, die einzig zum Zweck der Täuschung erstellt wurde und interessant genug ist, um angegriffen zu werden (was mit provokanten Webauftritten eventuell durchaus möglich wäre). Sie müsste beispielsweise Inhalte zur Verfügung stellen, die von anderen Seiten benutzt werden können. Schlussendlich müssten verschiedene Sensoriktools den Traffic auf dieser Seite überwachen und auswerten.

Die oben beschriebenen Praktiken zur Filterung können während einer Attacke (unabhängig davon, ob traditionelle DDoS-Attacke oder Web-Browser basierend) benutzt werden, um den ankommenden Verkehr in ein so genanntes ‚Null-Interface‘ zu leiten. Diese Technik wird als ‚Blackhole-Routing‘ bezeichnet und stellt eine brachiale Lösung dar, da jeglicher Verkehr, also auch der erwünschte, in einen undefinierten Bereich umgeleitet wird. Es wird zwar immer noch die Bandbreite beansprucht, aber die CPU-Ressourcen werden geschont. ‚Sinkhole-Routing' stellt einen klügeren Ansatz dar, bei dem der verdächtige Datenstrom zu einer IP-Adresse geleitet wird, an der er analysiert werden kann. Werden die Pakete als valide und ungefährlich eingestuft, so werden die Informationen weitergeleitet, ansonsten verworfen. Es findet also eine Selektion statt und der Erfolg hängt hier einzig und allein von den Filterkriterien ab [4].

Damit wird an dieser Stelle die kurze Vorstellung von Möglichkeiten zur Abwehr und deren Grenzen abgeschlossen.

3 Praxis: Infrastruktur

3.1 Zielsetzung

Gemäß der Aufgabenstellung der Hausarbeit soll im praktischen Abschnitt eine Webseite mit HTML 5 entworfen werden, die ein JavaScript beinhaltet, das sich für die Ausführung einer DDoS-Atacke eignet. Vorgeschlagenes exemplarisches Ziel ist ein Apache-Webserver unter Kali-Linux. Angriffstypen gegen Webserver wurden in den vorherigen Abschnitten vorgestellt, vorerst wird die Implementierung einer einfachen ausführbaren DDoS-Attacke angestrebt. Sollte es die verbleibende Arbeitszeit erlauben, können weitere Angriffsvariationen umgesetzt werden.

Aus der Theorie ist bekannt, dass eine ganze Masse an Maschinen benötigt wird, die den Schadcode ausführen, um der Web-Browser basierten DDoS-Attacke an Schlagkraft gewinnen zu lassen. Aus der Übungskünstlichkeit heraus wird im Rahmen der vorliegenden Arbeit allerdings nur gezeigt, wie ein Angriff durch eine einzelne Maschine stattfindet und dass Ressourcen am Webserver verloren gehen.

3.2 HTML5

Die mit HTML 5 erstellte Webseite bildet die Basis und den Rahmen für das eingebettete JavaScript. Die Komplexität der Seite muss nicht sehr hoch sein, aber sie muss die grundlegenden nötigen Funktionalitäten zur Verfügung stellen.

Die einfachste Darstellung sollte zunächst die Eingabe einer Zieladresse ermöglichen, um das ‚Opfer' der DDoS-Attacke festzulegen. Die zweite mögliche Aktion sollte das Auslösen des Angriffs sein, beispielsweise über eine einfache Schaltfläche bzw. mehrere, wenn ein ganzes Arsenal an Angriffstypen zur Verfügung steht. Zu Testzwecken hat es sich außerdem als hilfreich erwiesen eine Möglichkeit für einen einfachen Verbindungstest zum Server und eine Schaltfläche zum Beenden der jeweiligen Attacke zu implementieren.

3.3 JavaScript

JavaScript dient in dieser Arbeit, gemäß der Aufgabenstellung, zur Ausführung eines fiktiven Schadcodes. Das Skript wird dabei in der Webseite eingebunden und dem Besucher wird im vorliegenden Übungsfall die Möglichkeit gegeben den Code durch eine Schaltfläche auszulösen und durch eine andere zu beenden. In der Realität reicht für die Ausführung des Quelltextes schon der Besuch der Webseite aus.

3.4 Webserver

Als Zielsystem für den fingierten Angriff wurde ein Apache2-Webserver in einer virtuellen Maschine mit Kali-Linux umgesetzt. Der Webserver ist vom Host-System aus erreichbar und ermöglicht einen Zugriff auf eine Testseite, die vom Server bereitgestellt wird.

4 Praxis: Implementierung

Bevor ein entsprechendes JavaScript in die angreifende Webseite implementiert wurde, wurde zunächst der Entschluss gefasst die Struktur einer Webseite mit HTML5 zu entwerfen. Die Skripte sollten dann das Ganze mit Leben füllen und Aktionen ermöglichen. Die Grundstruktur beinhaltet den Seitentitel und eine grobe Trennung in die Informationen über das Ziel und die Auswahlmöglichkeiten der gewünschten Angriffsform. Platzhalter und Hilfetexte unterstützen bei der richtigen Eingabe und Auswahl durch den User. Wird eine Aktion ausgeführt, so werden Statusmeldungen in Textfeldern zurückgegeben.

Anschließend wurde der Webserver aufgesetzt, der als Ziel dienen soll. Um den Webserver vom Host-System aus zu erreichen, muss eine Regel in der Network Adress Translation der virtuellen Maschine hinzugefügt werden, die den Verkehr vom Host- zum Gastsystem durchleitet und Anfragen an Port 80 (Webserver) ermöglicht. Des Weiteren muss in der Konfigurationsdatei des Apache2 eine Regel eingepflegt werden, die Aufrufe von Seiten zulässt, die nicht ursprünglich auf dem Webserver laufen (Cross Origin Resource Sharing (CORS)) . Dazu wird in die *apache2.conf* im Pfad *etc/apache2/* unter <Directory *var*/www/> der Eintrag *Header always set Access-Control-Allow-Origin "*"* hinzugefügt. Der Server kann nun durch einen Browser auf dem Hostsystem angesprochen werden. Zusätzlich muss noch das Modul *headers* mit dem Befehl *a2enmod headers* geladen werden. Anschließend ist ein Neustart des Servers nötig.

Schlussendlich werden die Skripte integriert. Zur Übersichtlichkeit und Wiederverwendbarkeit wurden diese in separaten *.js* erstellt und mittels des *<script>*- Tags in die Webseite eingebunden. Jedes Skript beinhaltet, abgesehen vom Verbindungstest, die Logik einer bestimmten Angriffsform, die sich für DDoS eignet [8]. Die JavaScript-Funktionalitäten zur Skalierung (Anzahl der Anfragen pro Sekunde und Erhöhung der laufenden Instanzen) der Attacke sind direkt in die Webseite integriert worden.

5 Praxis: DDoS-Angriffe

5.1 Vorbereitung

Zur Vorbereitung wird als Erstes der Webserver mit dem Befehl *#service apache2 start* gestartet. Auf dem Browser des Gastsystems kann dann auf der Webseite *localhost/server-status* und einem Plugin zur Tabaktualisierung z.B. der Traffic und die Anzahl der Anfragen abgelesen werden. Die Statusabfrage selbst kann bereits im Requestbereich abgelesen werden.

Schließlich wird auf dem Hostsystem die Angriffsseite im Web-Browser geladen und die Oberfläche für die Webtools des benutzten Browsers, hier ein Mozilla Firefox, geöffnet.

5.2 Durchführung

Zur Prüfung der Verbindung zwischen Webseite und -server wird die Adresse des Apache2 eingetragen und per Schaltfläche *Check Connection* angeklickt. Wird die Verbindung korrekt aufgebaut, liefert der Server eine *readystate 4* und einen *HTTP-Status 200* zurück. Für eine korrekte Funktionalität wurde an dieser Stelle der Browsercache deaktiviert.

5.2.1 ImageFlooding

Die erste Attacke, die durchgeführt wird, ist das sogenannte Flooding mit Image-tags. Dazu wird ein neues Bild erstellt, dessen Quelle angeblich auf der anzugreifenden Seite liegt. In dem Moment, in dem die Quelle des Bildes durch eine erzeugte legitime Zieladresse festgelegt wird, findet eine korrekte Abfrage an die anzugreifende Seite des Webservers statt [8]. Die legitime Zieladresse setzt sich hierbei aus der URL des Webservers, einer URI und einer zufälligen Zahl zusammen. Die gestartete Anfrage läuft einmal pro Sekunde ab und mit jedem Klick auf die Startfläche *Start choosen attack* startet eine zusätzliche Instanz. Ein Klick auf *Stop choosen attack* beendet alle Aufrufe und somit den Angriff.

5.2.2 HttpFlooding

Vergleichbar mit imageFlooding funktioniert auch dies Attacke dadurch, dass an den Server eine nicht limitierte Anzahl an legitimen HTTP-Anfragen geschickt werden [8]. Die Art der Anfrage und alles weitere kann durch einen Client wie gewünscht gestaltet und abgeschickt werden.

5.2.3 SeverEventFlooding

Diese Attacke wird ebenfalls über eine HTTP-Anfrage etabliert und löst beim Server eine Reihe von Ereignissen aus, er antwortet beispielsweise mit einem sogenannten event stream [8]. Die implementierte Variante in der vorliegenden Arbeit braucht Ressourcen am Server auf, ist aber noch nicht korrekt implementiert. Der Server antwortet auf die

Anfragen nicht mit dem Status 200. Zu Demonstrationszwecken reicht der derzeitige Stand des Skriptes jedoch aus.

5.2.4 WebsocketFlooding

Websockets werden zum Aufbau einer duplexorientierten Verbindung eines Clients und eines Servers benutzt. Websockets sind eine Erweiterung des HTTP-Protokolls, bei dessen Verbindungsaufbau eine Handshake ausgehandelt wird. Es gibt kurz gesagt keinen Schutzmechanismus, der einen nicht Websocket-Server vor einem infizierten Websocket-Client schützt. Ein schadhafter Client kann den Handshake missbrauchen und Ressourcen abfragen [8].

Die Implementierung dieses Angriffs scheiterte leider an der fehlenden Zeit und der scheinbar nicht ganz trivialen Konfiguration des Webservers und konnte daher leider nicht getestet werden.

5.3 Auswertung und Spurensuche

Im Rahmen dieser Arbeit wird nur die Auswertung und Spurensuche einer Attacke vorgestellt und detailgenauer betrachtet. Dies liegt darin begründet, dass für die anderen Angriffe, die erfolgreich implementiert wurden, genau die gleichen Werkzeuge und Quellen zur forensischen Untersuchung herangezogen werden können.

5.3.1 ImageFlooding

Zur Auswertung der Resultate und Abläufe wurden die Webtools des Firefox-Browsers und die Statusanzeige des Apache2 herangezogen. Auf der Clientseite ist während der Ausführung des simulierten Angriffes zu erkennen, dass legitime GET-Anfragen an den Webserver gestellt werden. Durch die Betätigung der Skalierungsschaltflächen kann die Anzahl der Anfragen gesteigert. Dies ist unter dem Reiter ‚Netzwerkanalyse' in den Web-Tools von Firefox daran zu erkennen, dass die Häufigkeit der GET-Anfragen zunimmt und die Menge an übertragenen Daten erhöht wird.

Eine weitere Möglichkeit die Ursache einer DDoS-Attacke auf der Clientseite zu identifizieren, ist die Untersuchung der besuchten Seite auf Schadcode. Jede der vorgestellten und umgesetzten Attacken bedient sich einer anfälligen Funktionalität die us dem Zusammenspiel aus HTML5 und JavaScript entsteht. Momentan sind sind einige gängige API's bekannt, derer sich DDoS-Attacken gern bedienen [8]. ImageFlooding bedient sich beispielsweise, wie oben beschrieben, des image-Tags. Auf solche Tags kann der Code einer Seite untersucht werden, wenn der Angegriffene in der Lage ist die angreifende Seite ausfindig zu machen.

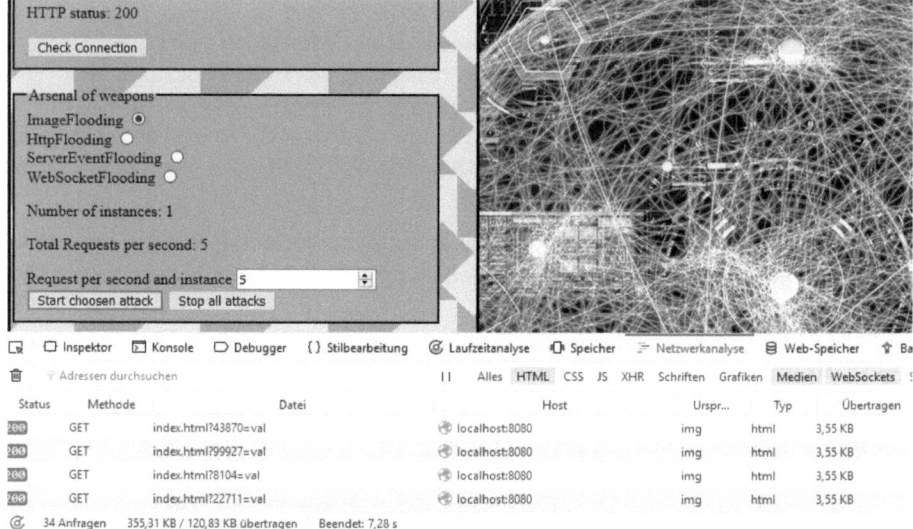

Abbildung 6: imageFlooding generiert Anfragen an Server

Auf der Seite des Servers ist ebenfalls zu erkennen, dass zum einen Anfragen eingehen und zum anderen, dass mit der Erhöhung der anfragenden Instanzen die Last auf der CPU steigt. Des Weiteren wird neben der Anzahl der anfragenden Instanzen auch die transportierte Datenmenge dargestellt. Dies ist also auf Serverseite eines der Tools, dass zur Spurensuche während einer stattfindenden DDoS-Attacke benutzt werden könnte.

Eine weitere Möglichkeit, um die registrierten Anfragen auszulesen, sind Logging-Dateien des Webservers. Diese sind unter dem Pfad *var/log/apache2* im Kali-Linux zu finden. In dieser Datei werden die an den Server gestellten Anfragen in verschiedene Kaategorien eingeteilt. Neben der Datei *access.log* und *error.log* gibt es auch eine Datei, die die Anfragen eines virtuellen anderen Hosts registriert. Dies ist eine der Möglichkeiten, um nach der stattgefundenen Attacke auszuwerten woher und in welcher Häufigkeit Anfragen gestellt wurden, da in der Datei Ursprungs-IP und Zeitstempel zu finden sind.

Dabei ist zu bedenken, dass Ursprungs-IPs, wie oben beschrieben, gespooft werden können. Die gewonnenen Informationen sind also kritisch zu betrachten.

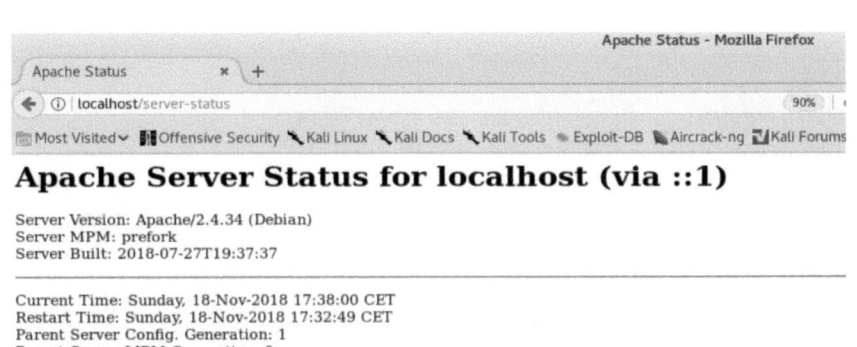

Apache Server Status for localhost (via ::1)

Server Version: Apache/2.4.34 (Debian)
Server MPM: prefork
Server Built: 2018-07-27T19:37:37

Current Time: Sunday, 18-Nov-2018 17:38:00 CET
Restart Time: Sunday, 18-Nov-2018 17:32:49 CET
Parent Server Config. Generation: 1
Parent Server MPM Generation: 0
Server uptime: 5 minutes 10 seconds
Server load: 1.41 2.04 2.06
Total accesses: 1574 - Total Traffic: 5.7 MB
CPU Usage: u5.76 s7.1 cu0 cs0 - 4.15% CPU load
5.08 requests/sec - 18.9 kB/second - 3816 B/request
11 requests currently being processed, 7 idle workers

KWKKK_KK___KKKK...
....
....

Scoreboard Key:
"_" Waiting for Connection, "s" Starting up, "ʀ" Reading Request,
"ᴡ" Sending Reply, "ᴋ" Keepalive (read), "ᴅ" DNS Lookup,
"c" Closing connection, "ʟ" Logging, "ɢ" Gracefully finishing,
"ɪ" Idle cleanup of worker, "." Open slot with no current process

Abbildung 7: Server steht unter imageFlooding- Angriff

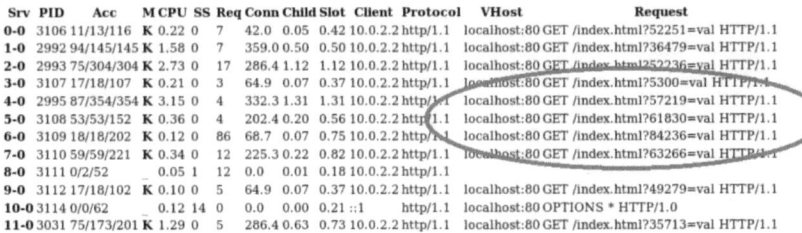

Srv	PID	Acc	M CPU	SS	Req	Conn	Child	Slot	Client	Protocol	VHost	Request
0-0	3106	11/13/116	K 0.22	0	7	42.0	0.05	0.42	10.0.2.2	http/1.1	localhost:80	GET /index.html?52251=val HTTP/1.1
1-0	2992	94/145/145	K 1.58	0	7	359.0	0.50	0.50	10.0.2.2	http/1.1	localhost:80	GET /index.html?36479=val HTTP/1.1
2-0	2993	75/304/304	K 2.73	0	17	286.4	1.12	1.12	10.0.2.2	http/1.1	localhost:80	GET /index.html?52236=val HTTP/1.1
3-0	3107	17/18/107	K 0.21	0	3	64.9	0.07	0.37	10.0.2.2	http/1.1	localhost:80	GET /index.html?5300=val HTTP/1.1
4-0	2995	87/354/354	K 3.15	0	4	332.3	1.31	1.31	10.0.2.2	http/1.1	localhost:80	GET /index.html?57219=val HTTP/1.1
5-0	3108	53/53/152	K 0.36	0	4	202.4	0.20	0.56	10.0.2.2	http/1.1	localhost:80	GET /index.html?61830=val HTTP/1.1
6-0	3109	18/18/202	K 0.12	0	86	68.7	0.07	0.75	10.0.2.2	http/1.1	localhost:80	GET /index.html?84236=val HTTP/1.1
7-0	3110	59/59/221	K 0.34	0	12	225.3	0.22	0.82	10.0.2.2	http/1.1	localhost:80	GET /index.html?63266=val HTTP/1.1
8-0	3111	0/2/52	_ 0.05	1	12	0.0	0.01	0.18	10.0.2.2	http/1.1		
9-0	3112	17/18/102	K 0.10	0	5	64.9	0.07	0.37	10.0.2.2	http/1.1	localhost:80	GET /index.html?49279=val HTTP/1.1
10-0	3114	0/0/62	_ 0.12	14	0	0.0	0.00	0.21	::1	http/1.1	localhost:80	OPTIONS * HTTP/1.0
11-0	3031	75/173/201	K 1.29	0	5	286.4	0.63	0.73	10.0.2.2	http/1.1	localhost:80	GET /index.html?35713=val HTTP/1.1

Abbildung 8: generierte Anfragen vom Client rufen die index.html auf

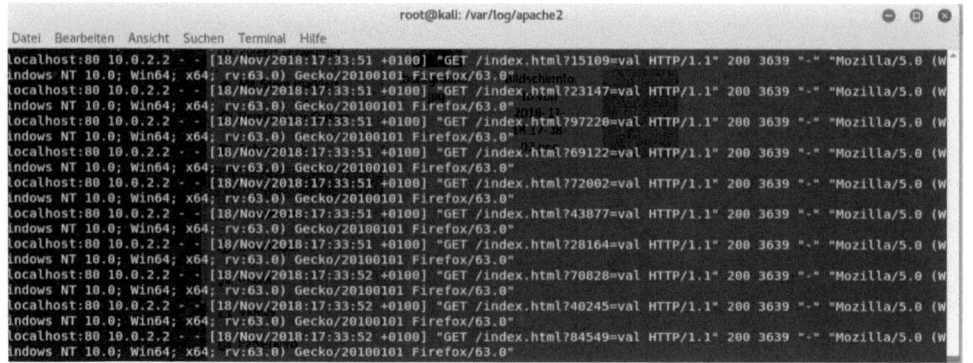

Abbildung 9: Logging-Datei Webserver zu imageFlooding-Anfragen

6 Anhang:

6.1 Quellcode HTML5

Liegt im abgegebenen Dokumenten-Paket bei.

6.2 Quellcode JavaScript

Die Ideen und Ansätze für den jeweiligen Angriff sind einer Quelle entnommen und für die eigenen Zwecke angepasst worden [8].

6.2.1 ImageFlooding

```javascript
//this function starts a request to targetURL
function imageFlooding(target){
    var targetURL= 'http://' + target;
    var URI = '/index.html?';

    //create image tag
    var pic = new Image();
    var rand = Math.floor(Math.random() * 100000);

    //request with a legitim header
    pic.src = targetURL+URI+rand+'=val';
}
```

6.2.2 HttpFlooding

```javascript
//this function starts a request to targetURL
function httpFlooding(target){
    var targetURL= 'http://' + target;

    //create a legitim request
    var xmlHttp = new XMLHttpRequest();
    xmlHttp.open("GET", targetURL);
    xmlHttp.send();
}
```

6.2.3 EventFlooding

```javascript
//this function starts a request to targetURL
function eventFlooding(target){
    var targetURL= 'http://' + target;
    var source= new EventSource(targetURL);

    source.addEventListener('message', function(e){console.log(e.data);false});
    source.addEventListener('open', function(e){console.log("open");false});
    source.addEventListener('error', function(e){console.log("close");false});

}
```

6.2.4 WebsocketFlooding

```javascript
//this function starts a request to targetURL
function websocketFlooding(target){

    var targetURL= 'ws://' + target +'/ws2';

    var websocket = new WebSocket(targetURL);
    websocket.send('Test');
```

}

6.3   Quellenverzeichnis

[1] An introduction to JavaScript-based DDoS (2018), (letzter Zugriff am 18.11.2018). Online verfügbar unter https://blog.cloudflare.com/an-introduction-to-javascript-based-ddos/.

[2] China's Great Cannon (2015) (letzter Zugriff am 18.11.2018). Online verfügbar unter https://citizenlab.ca/2015/04/chinas-great-cannon/.

[3] Church of Scientology DDoS Statistics (2008) (letzter Zugriff am 18.11.2018). Online verfügbar unter https://asert.arbornetworks.com/church-of-scientology-ddos-statistics/.

[4] Distributed Denial of Service Attacks - The Internet Protocol Journal - Volume 7, Number 4 (2015), (letzter Zugriff am 18.11.2018).

[5] Gunzer Scientology DDOS Department of Justice legal documents, 2008 - WikiLeaks (2016), (letzter Zugriff am 18.11.2018). Online verfügbar unter https://wikileaks.org/wiki/Gunzer_Scientology_DDOS_Department_of_Justice_legal _documents,_2008.

[6] Kamikubo, Ryo; Saito, Taiichi (2017): Browser-Based DDoS Attacks without Javascript. In: *International Journal of Advanced Computer Science and Applications* 8 (12). DOI: 10.14569/IJACSA.2017.081235.

[7] Mobile Ad Networks as DDoS Vectors: A Case Study (2018), (letzter Zugriff am 18.11.2018). Online verfügbar unter https://blog.cloudflare.com/mobile-ad-networks-as-ddos-vectors/.

[8] Pellegrino et al.: Cashing out the Great Cannon? On Browser-Based DDoS Attacks and Economics.

[9] Russel, Ryan (2002): Die Hacker-Bibel: [die Kunst des diffing, sniffing und spoofing ; Format String-Schwachstellen ; Buffer Overflow-Angriffe]. 2., aktualisierte und überarb. Aufl.